jugos y
batidos

recetas deliciosas
y fáciles de preparar

Christine Ambridge

p

Copyright © Parragon Books Ltd.
Queen Street House
4 Queen Street
Bath BA1 1HE, RU

Creado y producido por
The Bridgewater Book Company Ltd.

Fotógrafo Calvey Taylor-Haw
Economista del hogar Michaela Taylor-Haw

Todos los derechos reservados. Ninguna parte de esta obra puede
ser reproducida, almacenada o transmitida de forma o medio
alguno, sea este electrónico, mecánico, por fotocopia, grabación
o cualquier otro, sin la previa autorización escrita por parte de
la editorial.

Copyright © 2006 de la edición española: Parragon Books Ltd.
Traducción del inglés: Gemma Deza para Equipo de Edición S.L.,
Barcelona
Redacción y maquetación: Equipo de Edición S.L., Barcelona

ISBN: 1-40546-484-4

Impreso en China
Printed in China

NOTAS PARA EL LECTOR

- Todas las cucharadas utilizadas como unidad son rasas:
las cucharaditas corresponden a 5 ml y las cucharadas
a 15 ml.

- A menos que se especifique lo contrario, la leche utilizada
será entera, los huevos y las verduras u hortalizas, como
la zanahoria o la patata, serán de tamaño medio, y la
pimienta negra utilizada estará recién molida.

- Es desaconsejable preparar las recetas que contienen
huevo crudo para bebés, personas ancianas, mujeres
embarazadas, personas convalecientes y enfermos de
cualquier tipo.

- El tiempo de preparación debe tomarse como
una mera guía, ya que puede diferir en función de las
técnicas utilizadas por cada uno. Del mismo modo, los
tiempos de cocción pueden variar ligeramente de los
indicados. Los ingredientes opcionales, las variaciones y
las sugerencias de presentación no se han contabilizado
en el cálculo de los tiempos indicados.

contenido

introducción

Nunca ha existido un momento mejor para disfrutar de los magníficos beneficios de los zumos y batidos. Las tiendas y los supermercados de barrio están repletos de seductoras frutas y verduras frescas, muchas de ellas disponibles durante todo el año.

Además, ahora puede disfrutar de las frutas de temporada en cualquier estación: basta con que las congele. Pélelas si es necesario, córtelas en dados o rodajas, dispóngalas en una capa única sobre una bandeja y congélelas. Si lo desea, puede transferirlas luego a bolsas de congelados y tenerlas listas para usar en cualquier momento.

Las bebidas que contiene este libro son rápidas de preparar, fáciles de digerir y una fuente excelente de vitaminas, minerales y otras sustancias sanas que mejorarán su calidad de vida. Los plátanos, por ejemplo, son una fuente magnífica de potasio y magnesio, y contribuyen a reducir el nivel de colesterol. Los mangos tienen un alto contenido en vitamina A, un potente agente anticancerígeno. Las piñas contienen bromelaína, una enzima que ayuda a reducir las inflamaciones y facilita la digestión. Y los tomates tienen vitamina E, un valioso antioxidante que retrasa el envejecimiento.

Disfrute de las bebidas de este libro en cualquier momento del día. En estas páginas encontrará refrescos matutinos que le levantarán el ánimo, nutritivas bebidas para la hora del almuerzo, deliciosos combinados para acompañar la cena, y asombrosas creaciones que harán que sus invitados no deseen perderse ninguna de sus fiestas. A cualquier hora del día, en cualquier ocasión, este libro le garantiza poder disfrutar de la bebida perfecta para cada momento.

té de limón a la canela

página 24

isla de berros

página 42

piña ccn soda

página 70

beso de cereza

página 92

refrescos matutinos

¿Qué mejor manera de empezar el día que darse el capricho de disfrutar de una explosión de sabores deliciosos? Las apetecibles bebidas de este capítulo le despertarán los sentidos y le aportarán una sensación de frescura que le permitirá enfrentarse a cualquier reto que le depare la jornada. Tanto si su noción de un buen desayuno consiste en tomar un «Reactor de pimentón» como si prefiere un «Refresco de menta» o un relajante y lujoso «Batido pacífico», no le quepa duda de que en estas páginas encontrará una receta tentadora que le ayudará a empezar el día con buen pie.

popurrí de
melón

dificultad ❋ sumamente fácil
para ❋ dos personas
preparación ❋ 15 minutos
cocción ❋ —

ingredientes

250 ml de
yogur natural

100 g de
melón Galia
cortado en trozos

100 g de
melón cantalupo
cortado en trozos

100 g de
sandía
cortada en trozos

6 cubitos de hielo

para decorar

triángulos de
melón

❋ Vierta el yogur en un robot de cocina. Añada los trozos de melón Galia y licuelo todo hasta obtener una mezcla homogénea.

❋ Añada los trozos de cantalupo y de sandía, junto con los cubitos de hielo, y licuelo todo de nuevo hasta obtener una mezcla homogénea. Vierta la mezcla en copas y decórelas con triángulos de melón. Sirva de inmediato.

refresco
afrutado

dificultad ✳ sumamente fácil
para ✳ dos personas
preparación ✳ 10 minutos
cocción ✳ —

ingredientes

250 ml de
zumo de naranja

125 ml de
yogur natural

2 huevos

2 plátanos,
cortados en rodajas y congelados

para decorar

rodajas de
plátano fresco

✳ Vierta el zumo de naranja y el yogur en un robot de cocina y bátalo todo suavemente hasta que se mezcle bien.

✳ Añada los huevos y el plátano congelado y bátalo todo bien hasta obtener una mezcla homogénea. Vierta la mezcla en vasos y decórelos con un par de rodajas de plátano fresco. Añada un par de pajitas a cada vaso y sirva el refresco.

batido

pacífico

dificultad ✳ sumamente fácil
para ✳ dos personas
preparación ✳ 15 minutos
cocción ✳ 15 minutos

ingredientes

350 ml de
yogur de avellana

2 cucharadas de
zumo de naranja
recién exprimido

4 cucharadas de
sirope de arce

8 higos frescos grandes
troceados

6 cubitos de hielo

para decorar

avellanas
tostadas picadas

✱ Vierta el yogur, el zumo de naranja y el sirope de arce en un robot de cocina y bátalo todo con cuidado hasta que se mezcle bien.

✱ Incorpore los higos y los cubitos de hielo y siga batiendo hasta obtener una mezcla homogénea. Vierta entonces la mezcla en vasos y espolvoréela por encima con trocitos de avellana tostada. Sirva el batido de inmediato.

reactor de
pimentón

dificultad ❋ sumamente fácil
para ❋ dos personas
preparación ❋ 15 minutos
cocción ❋ —

ingredientes

250 ml de
zumo de zanahoria

250 ml de
zumo de tomate

2 pimientos rojos grandes,
despepitados y troceados
toscamente

1 cucharada de
zumo de limón

para servir
pimienta negra
recién molida

❋ Vierta los zumo de zanahoria y tomate en un robot de cocina y bátalos suavemente hasta que se mezclen bien.

❋ Agregue el pimiento rojo y el zumo de limón. Sazónelo todo bien con abundante pimienta negra recién molida y lícuelo hasta obtener una mezcla homogénea. Vierta el batido en vasos altos, añádales un par de pajitas y sírvalos.

refresco al
jengibre

dificultad ✳ muy fácil
para ✳ dos personas
preparación ✳ 15 minutos
cocción ✳ —

ingredientes

250 ml de
zumo de zanahoria
4 tomates,
pelados, despepitados y
troceados toscamente

1 cucharada de
zumo de limón

25 g de
perejil fresco

1 cucharada de
raíz de jengibre fresca
rallada

6 cubitos de hielo

125 ml de
agua

para decorar
perejil fresco picado

✳ Ponga el zumo de zanahoria, el tomate y el zumo de limón en un robot de cocina y lícuelo todo bien hasta que se mezcle.

✳ Acto seguido incorpore el perejil, junto con el jengibre y los cubitos de hielo. Lícuelo todo bien y, una vez se mezcle, agregue el agua. Siga licuando hasta obtener una mezcla homogénea.

✳ Reparta el refresco en vasos altos y decórelos con perejil fresco picado. Sirva de inmediato.

bebida energética de
arándanos

dificultad ✳ sumamente fácil
para ✳ dos personas
preparación ✳ 10 minutos
cocción ✳ —

ingredientes

300 ml de
zumo de arándanos

100 ml de
zumo de naranja

150 g de
frambuesas frescas

1 cucharada de
zumo de limón

para decorar

rodajas y virutas
de **limón**
o **naranja** frescos

✳ Vierta los zumos de arándanos y naranja en un robot de cocina y bátalos lentamente hasta que se mezclen bien. Añada las frambuesas y el zumo de limón y cuelo todo hasta obtener una mezcla homogénea.

✳ Reparta el batido en vasos y decórelos con rodajas y virutas de naranja o limón frescos. Sirva de inmediato.

fusión de

nectarina

dificultad ✳ sumamente fácil
para ✳ dos personas
preparación ✳ 15 minutos
cocción ✳ —

ingredientes

250 ml de
leche

350 g de
sorbete de limón

1 mango maduro,
deshuesado y cortado en dados

2 nectarinas maduras,
deshuesadas y cortadas en dados

✳ Vierta la leche en un robot de cocina, añada la mitad del sorbete de limón y bátalo todo suavemente hasta que se mezcle bien. Incorpore el resto del sorbete y vuelva a batirlo todo hasta obtener una mezcla homogénea.

✳ Cuando el batido esté bien mezclado, añada poco a poco el mango y la nectarina y lícuelo todo hasta obtener una mezcla homogénea. Reparta el batido en vasos, añádales una pajita y sírvalos.

refresco de

menta

dificultad ✳ sumamente fácil
para ✳ dos personas
preparación ✳ 10 minutos
cocción ✳ —

ingredientes

150 ml de
leche

2 cucharadas de
jarabe de menta

400 g de
helado de menta

para decorar

ramitas de menta fresca

✳ Vierta la leche y el jarabe de menta en un robot de cocina y bátalo todo hasta que se mezcle bien.

✳ Añada el helado de menta y vuelva a batirlo todo hasta obtener una mezcla homogénea. Reparta el refresco en vasos altos y decórelos con unas ramitas de menta fresca. Añada a cada vaso un par de pajitas y sirva.

té de limón a la
canela

dificultad ✳ sumamente fácil
para ✳ dos personas
preparación ✳ 8–10 minutos
cocción ✳ 3–4 minutos

ingredientes

400 ml de
agua
4 clavos de olor
1 ramita de
canela
2 bolsitas de té
3–4 cucharadas de
zumo de limón
1–2 cucharadas de
azúcar moreno

para decorar
rodajas de **limón** fresco

✳ Vierta el agua, los clavos y la canela en un cazo y llévelo todo a ebullición. Una vez rompa el hervor, retire el cazo del fuego y añada las bolsitas de té. Deje reposar el té durante 5 minutos y luego retire las bolsitas.

✳ Incorpore el zumo de limón y endulce el té con azúcar al gusto. Coloque de nuevo el cazo en el fuego y caliente el té ligeramente.

✳ Retire el cazo del fuego y cuele el té. Viértalo en vasos termorresistentes, decórelos con unas rodajitas de limón fresco y sirva.

té helado de naranja y
lima

dificultad ✳ muy fácil

para ✳ dos personas

preparación ✳ 15 minutos
+ 1¼ horas de refrigeración

cocción ✳ 3–4 minutos

ingredientes

300 ml de
agua

2 bolsitas de té

100 ml de
zumo de naranja

4 cucharadas de
zumo de lima

1–2 cucharadas de
azúcar moreno

8 cubitos de hielo

para decorar

gajos de lima

azúcar granulado

rodajas de **naranja,**
lima o **limón** frescos

✳ Vierta el agua en un cazo y llévela a ebullición. Cuando rompa el hervor, retire el cazo del fuego y añada las bolsitas de té. Deje reposar el té durante 5 minutos. Retire las bolsitas y deje que el té se enfríe a temperatura ambiente (unos 30 minutos). Transfiéralo a una jarra, tápelo con film transparente y enfríelo en la nevera durante al menos 45 minutos.

✳ Cuando el té esté bien frío, incorpórele los zumos de naranja y lima. Añada azúcar al gusto.

✳ Frote el borde de dos vasos con un gajo de lima y luego sumérjalos en azúcar granulado para escarcharlos. Introduzca los cubitos de hielo en los vasos y vierta el té por encima. Decore los vasos con las rodajas de naranja, lima o limón frescos y sirva el té.

almuerzos saludables

Haga de la hora de comer un momento especial preparando para sus almuerzos las deliciosas bebidas de las páginas siguientes. Todas ellas abundan en nutrientes vigorizantes y emplean los ingredientes más frescos y sabrosos. ¿Por qué no probar una «Isla de berros», rica en vitamina A y hierro, o una «Sorpresa de apio», un tónico fortificante para la mente y el cuerpo? Si prefiere tomar una bebida como postre, la «Crema de frutas del bosque» es la opción ideal para disfrutar de un almuerzo redondo, mientras que el «Batido de plátano y arándanos» le dará chispa a su pausa del mediodía.

crema de frutas del
bosque

dificultad ✳ sumamente fácil
para ✳ dos personas
preparación ✳ 10 minutos
cocción ✳ —

ingredientes

350 ml de
zumo de naranja
1 plátano,
cortado en rodajas y congelado
450 g de
frutas del bosque
(como arándanos,
frambuesas
y moras)

para decorar

rodajas de
fresas
frescas

✳ Vierta el zumo de naranja en un robot de cocina. Añada el plátano y la mitad de las frutas del bosque y lícuelo todo bien hasta obtener una mezcla homogénea.

✳ Añada el resto de las frutas del bosque y siga licuando hasta obtener una mezcla homogénea. Reparta la mezcla en copas altas y decore los bordes con rodajitas de fresas frescas. Añada un par de pajitas a cada copa y sirva la crema.

batido de plátano y
arándanos

dificultad ✳ sumamente fácil
para ✳ dos personas
preparación ✳ 10 minutos
cocción ✳ —

ingredientes

175 ml de
zumo de manzana

125 ml de
yogur natural

1 plátano,
cortado en rodajas y congelado

175 g de
arándanos
congelados

para decorar
arándanos
enteros frescos

✳ Vierta el zumo de manzana en un robot de cocina. Añada el yogur y bátalo todo hasta obtener una mezcla homogénea.

✳ Agregue el plátano y la mitad de los arándanos y lícuelo todo bien. A continuación añada el resto de los arándanos y vuelva a batirlo todo hasta obtener una mezcla homogénea. Vierta la mezcla en copas y decórela con arándanos enteros frescos. Añada un par de pajitas a cada copa y sirva el batido.

bebida energética de plátano y

manzana

dificultad ✳ sumamente fácil
para ✳ dos personas
preparación ✳ 15 minutos
cocción ✳ —

ingredientes

250 ml de
zumo de manzana

½ cucharadita de
canela
molida

2 cucharaditas de
raíz de jengibre fresca
rallada

2 plátanos,
cortados en rodajas y congelados

para decorar

rodajas de
plátano
fresco ensartadas en
palillos de cóctel

✳ Vierta el zumo de manzana en un robot de cocina. Añada la canela y el jengibre y lícuelo todo hasta que se mezcle bien.

✳ Agregue los plátanos y siga licuando hasta obtener una mezcla homogénea. Vierta la mezcla en vasos altos y decórelos con rodajas de plátano fresco ensartadas en palillos de cóctel. Sirva de inmediato.

batido de fresa y

naranja

dificultad ✳ sumamente fácil
para ✳ dos personas
preparación ✳ 15 minutos
cocción ✳ —

ingredientes

125 ml de
yogur natural

175 ml de
yogur de fresa

175 ml de
zumo de naranja

175 g de
fresas
congeladas

1 plátano,
cortado en rodajas y congelado

para decorar

rodajas de naranja fresca

fresas
enteras frescas

✳ Vierta los yogures natural y de fresa en un robot de cocina y bátalos suavemente. Añada el zumo de naranja y bátalo todo hasta que se mezcle bien.

✳ Incorpore las fresas y el plátano y licuelo todo hasta obtener una mezcla homogénea. Vierta la mezcla en vasos altos y decórelos con rodajas de naranja fresca y fresas frescas enteras. Añada un par de pajitas y sirva el batido.

sorpresa de
apio

dificultad ✳ muy fácil
para ✳ dos personas
preparación ✳ 15 minutos
cocción ✳ —

ingredientes

125 ml de
zumo de zanahoria

500 g de
tomates,
pelados, despepitados
y troceados toscamente

1 cucharada de
zumo de limón

4 tallos de apio,
limpios y picados

4 cebolletas,
limpias y troceadas toscamente

25 g de
perejil fresco

25 g de
menta fresca

para decorar

2 tallos de apio

✳ Introduzca el zumo de zanahoria, el de limón y el tomate en un robot de cocina y licuelo toco hasta que se mezcle bien.

✳ Añada el apio picado, la cebolleta, el perejil y la menta y siga licuando hasta obtener una mezcla homogénea. Vierta la mezcla en vasos altos y decórelos con tallos de apio. Sirva de inmediato.

granizado al
curry

dificultad ✳ muy fácil
para ✳ dos personas
preparación ✳ 15 minutos
cocción ✳ —

ingredientes

250 ml de
zumo de zanahoria
4 tomates,
pelados, despepitados
y troceados toscamente

1 cucharada de
zumo de limón
2 tallos de apio,
limpios y picados

1 lechuga romana
1 diente de ajo
majado

25 g de
perejil fresco

1 cucharadita de
curry en polvo
6 cubitos de hielo
125 ml de
agua

para decorar

2 tallos de apio

✳ Introduzca el zumo de zanahoria, el tomate, el zumo de limón y el apio en un robot de cocina y licuelo todo suavemente hasta que se mezcle bien.

✳ Separe las hojas de lechuga, lávelas y añádalas al robot de cocina junto con el ajo, el perejil, el curry y los cubitos de hielo. Tritúrelo todo hasta que se mezcle bien. A continuación, vierta el agua y vuelva a batirlo todo hasta obtener una mezcla homogénea.

✳ Vierta la mezcla en vasos altos y decórelos con tallos de apio. Sirva de inmediato.

isla de
berros

dificultad ✳ sumamente fácil
para ✳ dos personas
preparación ✳ 10 minutos
+ 1 hora de refrigeración
cocción ✳ —

ingredientes

500 ml de
zumo de zanahoria

25 g de
berros

1 cucharada de
zumo de limón

para decorar

ramitas de
berros frescos

✳ Vierta el zumo de zanahoria en un robot de cocina. Añada los berros y el zumo de limón y bátalo todo hasta obtener una mezcla homogénea. Transfiera la mezcla a una jarra, tápela con film transparente y déjela enfriar en la nevera durante un mínimo de 1 hora, o hasta que vaya a servirla.

✳ Cuando la mezcla esté bien fría, viértala en vasos y decórela con ramitas de berros frescos. Sirva de inmediato.

ponche veraniego de
cítricos

dificultad ❋ sumamente fácil
para ❋ dos personas
preparación ❋ 10 minutos
cocción ❋ —

ingredientes

4 cucharadas de
zumo de naranja

1 cucharada de
zumo de lima

100 ml de
agua con gas

350 g de
frutas de verano
(como arándanos,
frambuesas, moras
y fresas), congeladas
4 cubitos de hielo

para decorar

frambuesas,
grosellas negras
y moras
frescas y enteras
ensartadas en palillos de cóctel

❋ Vierta los zumos de naranja y lima y el agua con gas en un robot de cocina y bátalo todo suavemente hasta que se mezcle bien.

❋ Añada las frutas de verano y los cubitos de hielo y lícuelo todo hasta obtener una crema de una consistencia pastosa.

❋ Vierta el ponche en copas y decórelas con moras, grosellas negras y frambuesas ensartadas en palillos de cóctel.

batido de fresa y
melocotón

dificultad ✳ muy fácil
para ✳ dos personas
preparación ✳ 20 minutos
cocción ✳ —

ingredientes

175 ml de
leche

225 g de
rodajas de melocotón
en conserva escurridas

2 albaricoques frescos
troceados

400 g de
fresas frescas,
sin rabillos y cortadas en rodajas

2 plátanos,
cortados en rodajas y congelados

para decorar

rodajas de
fresas frescas

✳ Vierta la leche en un robot de cocina. Añada las rodajas de melocotón y lícuelo todo suavemente hasta que se mezcle bien. Agregue el albaricoque y siga licuando lentamente hasta que se mezcle bien.

✳ Incorpore las rodajas de fresa y de plátano y vuelva a licuarlo todo hasta obtener una mezcla homogénea. Reparta el batido en copas y decore los bordes con fresas frescas. Sirva de inmediato.

arrebato de
frutas

dificultad ❉ sumamente fácil
para ❉ dos personas
preparación ❉ 15 minutos
cocción ❉ —

ingredientes

100 ml de
leche

125 ml de
yogur de melocotón

100 ml de
zumo de naranja

225 g de
rodajas de melocotón
en conserva escurridas

6 cubitos de hielo

para decorar

tiras de
cáscara de naranja
fresca

❉ Vierta la leche, el yogur y el zumo de naranja en un robot de cocina y bátalo todo suavemente hasta que se mezcle bien.

❉ Agregue las rodajas de melocotón y los cubitos de hielo y lícuelo todo hasta obtener una mezcla homogénea. Vierta la mezcla en vasos y decórelos con tiras de cáscara de naranja. Añada un par de pajitas y sirva.

limonada
tradicional

dificultad ✳ muy fácil
para ✳ dos personas
preparación ✳ 15 minutos
+ 2½ horas de refrigeración
cocción ✳ 8–10 minutos

ingredientes

150 ml de
agua
6 cucharadas de
azúcar
1 cucharadita de
ralladura de limón
125 ml de
zumo de limón
6 cubitos de hielo

para decorar
un gajo de **limón**
azúcar granulado
rodajas de **limón** fresco

para servir
agua con gas

✳ Ponga el agua, el azúcar y la ralladura de limón en un cazo pequeño y llévelo todo a ebullición, removiendo sin cesar. Una vez rompa el hervor, deje el cazo en el fuego durante 5 minutos más, sin dejar de remover.

✳ Retire el cazo del fuego y déjelo enfriar a temperatura ambiente. Incorpore entonces el zumo de limón y transfiéralo todo a una jarra. Tápela con film transparente y enfríela en la nevera un mínimo de 2 horas.

✳ Cuando la limonada esté a punto de enfriarse del todo, frote el borde de dos vasos con un gajo de limón y escárchelos sumergiéndolos en azúcar granulado. Ponga los cubitos de hielo en los vasos.

✳ Saque la limonada de la nevera, viértala sobre los cubitos y rellene los vasos con agua con gas. La proporción es de una parte de limonada por tres partes de agua con gas. Remuévalo todo hasta que se mezcle bien, decore los vasos con rodajas de limón fresco y sirva.

postres para cenas

Concédase un auténtico capricho con una de estas bebidas nocturnas y deleite con ellas a sus amigos y familiares. La «Bomba de chocolate» hará las delicias de los amantes del cacao y el «Sueño de kiwi» pondrá un punto y final sabroso y refrescante a sus cenas. Si desea dar un giro inesperado a la sobremesa, la «Chispa de avellana y café» dará mucho que hablar, mientras que la «Piña con soda» es una bebida fascinante para tomar al aire libre en las cálidas veladas nocturnas.

sorbete picante de
plátano

dificultad ❋ sumamente fácil
para ❋ dos personas
preparación ❋ 10 minutos
cocción ❋ —

ingredientes

300 ml de
leche

½ cucharadita de
mezcla de especias
en polvo

150 g de
helado de plátano
2 plátanos,
cortados en rodajas y congelados

❋ Vierta la leche en un robot de cocina y añada la mezcla de especias. Incorpore la mitad del helado de plátano y bátalo todo suavemente hasta que se mezcle bien. A continuación, agregue el resto del helado y vuelva a batirlo todo hasta que se mezcle por completo.

❋ Una vez bien mezclado, añada el plátano y licuelo todo hasta obtener una mezcla homogénea. Vierta el sorbete en vasos altos, añada un par de pajitas a cada uno y sirva de inmediato.

batido de plátano y
café

dificultad ✳ sumamente fácil
para ✳ dos personas
preparación ✳ 10 minutos
cocción ✳ —

ingredientes

300 ml de
leche

4 cucharadas de
café instantáneo molido

150 g de
helado de vainilla

2 plátanos,
cortados en rodajas y congelados

✳ Vierta la leche en un robot de cocina, añada el café y bátalo todo suavemente hasta que se mezcle bien. Incorpore entonces la mitad del helado de vainilla y bátalo todo con cuidado. A continuación, añada el resto del helado y siga batiendo hasta que se mezcle completamente.

✳ Una vez obtenga una mezcla consistente, incorpore el plátano y lícuelo todo bien hasta obtener una mezcla homogénea. Distribuya el batido en vasos y sírvalo.

bomba de
chocolate

dificultad ❋ sumamente fácil
para ❋ dos personas
preparación ❋ 10 minutos
cocción ❋ —

ingredientes

150 ml de
leche

2 cucharadas de
jarabe de chocolate

400 g de
helado de chocolate

para decorar
chocolate rallado

❋ Vierta la leche y el jarabe de chocolate en un robot de cocina y bátalo todo suavemente hasta que se mezcle bien.

❋ Añada el helado de chocolate y bátalo todo hasta obtener una mezcla homogénea. Vierta el batido en vasos altos y decórelos con unas virutas de chocolate rallado. Sirva de inmediato.

batido de sirope de arce y
almendra

dificultad ✳ sumamente fácil
para ✳ dos personas
preparación ✳ 15 minutos
cocción ✳ —

ingredientes

150 ml de
leche

2 cucharadas de
sirope de arce

400 g de
helado de vainilla

1 cucharada de
esencia de almendra

para decorar
almendra picada

✳ Vierta la leche y el sirope de arce en un robot de cocina y bátalo todo suavemente hasta que se mezcle bien.

✳ Añada el helado y la esencia de almendra y bátalo todo hasta obtener una mezcla homogénea. Vierta el batido en vasos y decórelo con la almendra picada. Coloque un par de pajitas en cada vaso y sirva.

sueño.de
kiwi

dificultad ✳ sumamente fácil
para ✳ dos personas
preparación ✳ 15 minutos
cocción ✳ —

ingredientes

150 ml de
leche

el zumo de
2 limas

2 kiwis,
troceados

1 cucharada de
azúcar

400 g de
helado de vainilla

para decorar

rodajas de
kiwi fresco

tiras de
cáscara de lima fresca

✳ Vierta la leche y el zumo de lima en un robot de cocina y bátalo todo suavemente hasta que se mezcle bien.

✳ Añada el kiwi y el azúcar y bátalo todo con delicadeza. A continuación, añada el helado y siga batiendo hasta obtener una mezcla homogénea. Vierta el batido en vasos y decórelo con rodajas de kiwi fresco y tiras de piel de lima también fresca. Sirva de inmediato.

café
montado

dificultad ✳ sumamente fácil
para ✳ dos personas
preparación ✳ 15 minutos
cocción ✳ —

ingredientes

200 ml de
leche

50 ml de
nata líquida

1 cucharada de
azúcar moreno

2 cucharadas de
cacao en polvo

1 cucharada de
jarabe de café
o café molido instantáneo

6 cubitos de hielo

para servir
nata batida
chocolate rallado

✱ Vierta la leche, la nata líquida y el azúcar en un robot de cocina y bátalo todo suavemente hasta que se mezcle bien.

✱ Añada el cacao en polvo y el jarabe de café o el café instantáneo y bátalo todo bien. A continuación, agregue los cubitos de hielo y siga batiendo hasta obtener una mezcla homogénea.

✱ Vierta el batido en tazas. Corónelas con una capa de nata batida, espolvoree por encima una pizca de chocolate rallado y sirva.

granizado de
café

dificultad ✳ muy fácil
para ✳ dos personas
preparación ✳ 15 minutos
+ 1¼ horas de refrigeración
cocción ✳ —

ingredientes

400 ml de
agua

2 cucharadas de
**gránulos de café
instantáneo**

2 cucharadas de
azúcar moreno

6 cubitos de hielo

para decorar

nata líquida
granos de café enteros

✳ Prepare café con el agua y los gránulos de café. Déjelo enfriar a temperatura ambiente. Transfiéralo a una jarra, tápela con film transparente y enfríe el café en la nevera durante un mínimo de 45 minutos.

✳ Una vez se haya enfriado el café, viértalo en un robot de cocina. Agregue el azúcar y bátalo todo hasta que se mezcle bien. Incorpore los cubitos de hielo y tritúrelo todo hasta obtener una mezcla homogénea.

✳ Reparta el granizado en vasos. Corónelo con un poco de nata líquida, decórelo con unos cuantos granos de café y sírvalo.

chispa de café y
avellana

dificultad ✳ sumamente fácil
para ✳ dos personas
preparación ✳ 15 minutos
+ 1¼ horas de refrigeración
cocción ✳ —

ingredientes

250 ml de
agua

3 cucharadas de
**gránulos de café
instantáneo**

125 ml de
agua con gas

1 cucharada de
jarabe de avellana

2 cucharadas de
azúcar moreno

6 cubitos de hielo

para decorar

rodajas de lima fresca
rodajas de limón fresco

✳ Prepare café con el agua y los gránulos de café. Déjelo enfriar a temperatura ambiente. Transfiéralo a una jarra, tápela con film transparente y enfríe el café en la nevera durante un mínimo de 45 minutos.

✳ Una vez se haya enfriado el café, viértalo en un robot de cocina. Agregue el agua con gas, el jarabe de avellana y el azúcar y bátalo todo bien. Incorpore los cubitos de hielo y siga batiendo hasta obtener una mezcla homogénea.

✳ Reparta el batido en vasos, decore los bordes con rodajas de lima y limón, y sirva.

piña con
soda

dificultad ✳ fácil
para ✳ dos personas
preparación ✳ 15–20 minutos
cocción ✳ —

ingredientes

175 ml de
zumo de piña

90 ml de
leche de coco

200 g de
helado de vainilla

140 g de
trozos de piña
congelados

175 ml de
agua con gas

para servir

2 cáscaras de piña
vaciadas de pulpa (opcional)

✳ Vierta el zumo de piña y la leche de coco en un robot de cocina. Añada el helado y bátalo todo hasta obtener una mezcla homogénea.

✳ Incorpore los trozos de piña y tritúrelo todo bien. Vierta la mezcla en las cáscaras de piña vaciadas o en copas anchas, hasta llenarlas en unos dos tercios. Rellénelas con el agua con gas, añada un par de pajitas y sirva.

batido de naranja y
zanahoria

dificultad ✳ sumamente fácil
para ✳ dos personas
preparación ✳ 10 minutos
cocción ✳ —

ingredientes

175 ml de
zumo de zanahoria

175 ml de
zumo de naranja

150 g de
helado de vainilla
6 cubitos de hielo

para decorar

rodajas de naranja fresca

tiras de
cáscara de naranja fresca

✱ Vierta los zumos de zanahoria y naranja en un robot de cocina y bátalos hasta que se mezclen bien. Añada el helado y bátalo todo de nuevo.

✱ Agregue los cubitos de hielo y siga batiendo hasta obtener una mezcla homogénea. Reparta el batido en vasos, decórelo con unas rodajas y unas tiras de cáscara de naranja y sírvalo.

cócteles **nocturnos**

No podríamos dar por acabado este libro sin incluir una tentadora selección de cócteles. Este capítulo contiene una serie de combinados deliciosos, perfectos para amenizar una velada en compañía o para disfrutar de esos escasos momentos de paz y sosiego que uno tiene para sí mismo. Deleite a los invitados de sus fiestas con un espectacular «Batido de piña y coco». Y para los momentos más íntimos, prepare un romántico «Beso de cereza» o disfrute de un «Crepúsculo rosado» mientras contempla la puesta de sol.

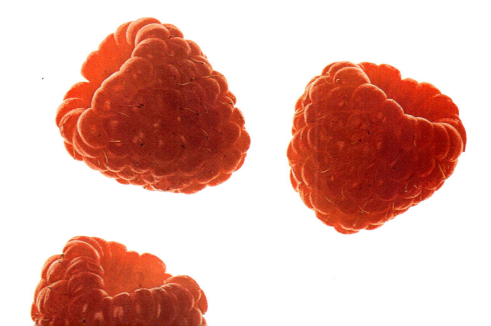

batido de piña y

COCO

dificultad ❋ muy fácil
para ❋ dos personas
preparación ❋ 15 minutos
cocción ❋ —

ingredientes

350 ml de
zumo de piña

90 ml de
leche de coco

150 g de
helado de vainilla

140 g de
trozos de piña

para servir

2 **cáscaras de coco**
vaciadas (opcional)

para decorar

2 cucharadas de
COCO fresco rallado

❋ Vierta el zumo de piña y la leche de coco en un robot de cocina. Incorpore el helado y bátalo todo hasta obtener una mezcla homogénea.

❋ Añada los trozos de piña y siga batiendo hasta obtener una mezcla homogénea. Vierta el batido en las cáscaras de coco vaciadas o en vasos altos y espolvoree por encima coco fresco rallado. Decore cada cáscara o vaso con un par de pajitas y sirva el batido.

batido de melocotón y
piña

dificultad ✳ sumamente fácil
para ✳ dos personas
preparación ✳ 15 minutos
cocción ✳ —

ingredientes

125 ml de
zumo de piña

el zumo de
1 limón

100 ml de
agua

3 cucharadas de
azúcar moreno

175 ml de
yogur natural

1 melocotón,
cortado en trozos y congelado

100 g de
trozos de piña
congelados

para decorar

triángulos de
piña fresca

✳ Vierta el zumo de piña, el de limón y el agua en un robot de cocina. Añada el azúcar y el yogur y bátalo todo bien.

✳ Incorpore el melocotón y los trozos de piña y lícuelo todo hasta obtener una mezcla homogénea. Vierta la mezcla en copas de postre y decore los bordes con triángulos de piña fresca. Sirva el batido de inmediato.

cóctel vegano
caribeño

dificultad ✳ sumamente fácil
para ✳ dos personas
preparación ✳ 15 minutos
cocción ✳ —

ingredientes

100 ml de
leche de coco

200 ml de
leche de soja

100 ml de
zumo de piña

1 cucharada de
azúcar moreno

1 mango maduro,
deshuesado y cortado en dados

2 cucharadas de
coco fresco
rallado

140 g de
trozos de piña
congelados

1 plátano,
cortado en rodajas y congelado

para decorar

COCO fresco rallado
triángulos de
piña fresca

✳ Vierta la leche de coco, la leche de soja, el zumo de piña y el azúcar en un robot de cocina y bátalo todo lentamente hasta que se mezcle bien. Agregue los dados de mango y el coco rallado al robot y lícuelo todo bien.

✳ Incorpore los trozos de piña y plátano y siga batiendo hasta obtener una mezcla homogénea. Reparta el batido en vasos, espolvoree por encima una pizca de coco rallado y decore los bordes con triángulos de piña fresca. Sirva de inmediato.

tormenta
roja

dificultad ✳ sumamente fácil
para ✳ dos personas
preparación ✳ 15 minutos
+ 30 minutos de refrigeración
cocción ✳ —

ingredientes

500 ml de
zumo de tomate
un golpe de
salsa Worcestershire
1 guindilla roja pequeña,
despepitada y troceada
1 cebolleta,
limpia y troceada
6 cubitos de hielo

para decorar

2 **guindillas** rojas largas y
delgadas, cortadas en florecillas
(véase método)

✳ Para elaborar las flores de guindilla, haga seis cortes a lo largo de cada guindilla con un cuchillo. Coloque la punta del cuchillo a aproximadamente 1 cm del final del tallo y corte en dirección a la punta. Introduzca las guindillas en un bol de agua helada y déjelas reposar entre 25 y 30 minutos, hasta que adquieran forma de flor.

✳ Vierta el zumo de tomate y la salsa Worcestershire en un robot de cocina y bátalo todo suavemente hasta que se mezcle bien. Añada la guindilla troceada, la cebolleta y los cubitos de hielo y tritúrelo todo hasta obtener una mezcla homogénea.

✳ Vierta la mezcla en vasos y decórelos con las flores de guindilla. Añada un par de pajitas por vaso y sirva.

café moca a la

menta

dificultad ✳ sumamente fácil
para ✳ dos personas
preparación ✳ 15 minutos
cocción ✳ —

ingredientes

400 ml de
leche

200 ml de
jarabe de café

100 ml de
jarabe de menta

1 cucharada de
hojas de menta fresca
picadas

4 cubitos de hielo

para decorar
chocolate rallado
ramitas de menta fresca

✳ Vierta la leche, el jarabe de café y el de menta en un robot de cocina y bátalo todo suavemente hasta que se mezcle bien.

✳ Incorpore la menta picada y los cubitos de hielo y siga batiendo hasta obtener una mezcla de consistencia pastosa.

✳ Reparta la mezcla en vasos. Espolvoree por encima chocolate rallado, decore con unas ramitas de menta fresca y sírvalos.

granizado de
piña

dificultad ❋ sumamente fácil
para ❋ dos personas
preparación ❋ 10 minutos
cocción ❋ —

ingredientes

100 ml de
zumo de piña

4 cucharadas de
zumo de naranja

125 g de
melón Galia
cortado en trozos

140 g de
trozos de piña
congelados

4 cubitos de hielo

para decorar

rodajas de
melón Galia fresco

rodajas de **naranja** fresca

❋ Vierta los zumos de piña y naranja en un robot de cocina
y bátalos suavemente hasta que se mezclen bien.

❋ Añada el melón, los trozos de piña y los cubitos de hielo
y lícuelo todo hasta obtener una mezcla de consistencia pastosa.

❋ Vierta el granizado en vasos y decórelos con rodajas de naranja
y melón frescos. Sirva de inmediato.

batido
hawaiano

dificultad ✳ muy fácil
para ✳ dos personas
preparación ✳ 15 minutos
cocción ✳ —

ingredientes

250 ml de
leche

50 ml de
leche de coco

150 g de
helado de vainilla

2 plátanos,
cortados en rodajas y congelados

200 g de
trozos de piña
en conserva escurridos

1 papaya,
despepitada y cortada en dados

para decorar

COCO fresco rallado

triángulos de
piña fresca

✳ Vierta la leche y la leche de coco en un robot de cocina y bátalos suavemente hasta que se mezclen bien. Añada la mitad del helado y bátalo todo lentamente. A continuación, agregue el resto del helado y siga batiendo hasta obtener una mezcla homogénea.

✳ Incorpore el plátano y lícuelo todo bien. Añada los trozos de piña y papaya y siga licuando hasta obtener una mezcla homogénea. Vierta el batido en copas, espolvoree por encima un poco de coco rallado y decore los bordes con triángulos de piña. Sirva de inmediato.

crepúsculo
rosado

dificultad ✳ muy fácil
para ✳ dos personas
preparación ✳ 15 minutos
cocción ✳ —

ingredientes

100 ml de
yogur natural

500 ml de
leche

1 cucharada de
agua de rosas

3 cucharadas de
miel

1 mango maduro,
deshuesado y cortado en dados

6 cubitos de hielo

para decorar
pétalos de rosa comestibles
(opcional)

✱ Vierta el yogur y la leche en un robot de cocina y bátalo todo suavemente hasta que se mezcle bien.

✱ Añada el agua de rosas y la miel y siga batiendo hasta que se mezcle bien. A continuación, agregue el mango y los cubitos de hielo y lícuelo todo hasta obtener una mezcla homogénea. Vierta el batido en copas, decórelo con unos pétalos de rosa (opcional) y sírvalo.

beso de
cereza

dificultad ✽ sumamente fácil
para ✽ dos personas
preparación ✽ 5 minutos
cocción ✽ —

ingredientes

8 cubitos de hielo
picados

2 cucharadas de
jarabe de cereza

500 ml de
agua con gas

para decorar

cerezas al marrasquino
ensartadas en palillos de cóctel

✽ Reparta el hielo picado en dos vasos altos y vierta por encima el jarabe de cereza.

✽ Rellene los vasos con agua con gas. Decórelos con las cerezas al marrasquino ensartadas en palillos de cóctel y sirva.

refresco de
frambuesa

dificultad ❋ sumamente fácil
para ❋ dos personas
preparación ❋ 5 minutos
cocción ❋ —

ingredientes

8 cubitos de hielo
picados

2 cucharadas de
jarabe de frambuesa

500 ml de
zumo de manzana
helado

para decorar

frambuesas
frescas enteras
y trozos de manzana
ensartados en palillos de cóctel

❋ Reparta el hielo picado entre dos vasos y vierta por encima el jarabe de frambuesa.

❋ Rellene cada vaso con el zumo de manzana helado y remueva bien. Decore los vasos con frambuesas enteras y trocitos de manzana ensartados en palillos de cóctel y sirva el refresco.